Ayudantes de mi comunidad

Bobbie Kalman

 Crabtree Publishing Company

www.crabtreebooks.com

Creado por Bobbie Kalman

Autor y Jefe editorial
Bobbie Kalman

Consultores pedagógicos
Reagan Miller
Elaine Hurst
Joan King

Editores
Joan King
Reagan Miller
Kathy Middleton

Revisor
Crystal Sikkens

Investigación fotográfica
Bobbie Kalman

Diseño
Bobbie Kalman
Katherine Berti

Coordinador de producción
Katherine Berti

Técnico de preimpresión
Katherine Berti

Fotografías
American Red Cross: Talia Frenkel: pág. 22 (abajo),
    24 (abajo a la derecha)
Digital Stock: pág. 20 (abajo), 21
Digital Vision: pág. 8, 24 (arriba en el medio)
iStockphoto: pág. 23 (arriba)
Shutterstock: portada, pág. 1, 3, 4, 5, 6, 7, 9, 10, 11,
    12, 13, 14, 15, 16, 17, 18, 19, 20 (arriba), 23 (abajo),
    24 (excepto abajo a la derecha y arriba en el medio)

Catalogación en publicación de Bibliotecas y Archivos Canadá

Kalman, Bobbie, 1947-
    Ayudantes de mi comunidad / Bobbie Kalman.

(Mi mundo)
Includes index.
Translation of: Helpers in my community.
Issued also in an electronic format.
ISBN 978-0-7787-8563-7 (bound).--ISBN 978-0-7787-8589-7 (pbk.)

    1. Community life--Juvenile literature. 2. Professions--Juvenile
literature. I. Title. II. Series: Mi mundo (St. Catharines, Ont.)

HM756.K3418 2011   j307   C2010-904170-4

**Información de catalogación en publicación de
la Biblioteca del Congreso**

Kalman, Bobbie.
    [Helpers in my community. Spanish]
    Ayudantes de mi comunidad / Bobbie Kalman.
        p. cm. -- (Mi mundo)
    Includes index.
    ISBN 978-0-7787-8589-7 (pbk. : alk. paper) -- ISBN 978-0-7787-8563-7 (reinforced
    library binding : alk. paper) -- ISBN 978-1-4271-9584-5 (electronic (pdf))
    1. Community life--Juvenile literature. 2. Community workers--Juvenile literature.
    I. Title. II. Series.

    HM716.K3518 2011
    307--dc22
                                            2010024776

Crabtree Publishing Company

Impreso en Hong Kong/042011/BK20110304

www.crabtreebooks.com   1-800-387-7650

Publicado en Canadá
Crabtree Publishing
616 Welland Ave.
St. Catharines, Ontario
L2M 5V6

Publicado en los Estados Unidos
Crabtree Publishing
PMB 59051
350 Fifth Avenue, 59th Floor
New York, New York 10118

Publicado en el Reino Unido
Crabtree Publishing
Maritime House
Basin Road North, Hove
BN41 1WR

Publicado en Australia
Crabtree Publishing
386 Mt. Alexander Rd.
Ascot Vale (Melbourne)
VIC 3032

¿Qué hay en este libro?

¿Qué es una comunidad?

Una **comunidad** es un lugar donde viven y trabajan juntas muchas personas.

Los **ayudantes de una comunidad** son las personas que hacen que las comunidades estén más limpias, más seguras y mejores. ¿Quiénes son los ayudantes de tu comunidad?

Algunos de los ayudantes de una
comunidad son los constructores,
doctores, maestros y bibliotecarios.
Todas estas personas te ayudan.

Edificios y caminos

Las comunidades necesitan **edificios** donde las personas puedan vivir o trabajar.

Los **constructores** construyen casas, oficinas, escuelas y tiendas.

También construyen caminos y puentes.

Los constructores
usan estas máquinas
para hacer su trabajo.

bulldozer

excavadora

grúa

mezcladora de cemento

Electricidad y agua

Las personas de una comunidad necesitan la **electricidad**.

Las luces, las computadoras, los televisores y muchas otras cosas no pueden funcionar sin ella.

Los **electricistas** son las personas que se aseguran de que las comunidades tengan la electricidad que necesitan.

Las personas necesitan agua limpia
en sus casas.

Beben agua y la usan para bañarse
y para lavar la ropa.

Los **plomeros** son los ayudantes de la
comunidad que instalan las tuberías
que llevan el agua a nuestros hogares.

Maestros y bibliotecarios

Los **maestros** hacen que aprender
sea divertido y emocionante.
Nos enseñan a leer y a escribir.
Nos enseñan matemáticas,
ciencias y estudios sociales.

Los **bibliotecarios** nos ayudan a buscar
los libros que necesitamos.

Algunos bibliotecarios trabajan en las escuelas.

Otros bibliotecarios trabajan en las
bibliotecas de la comunidad.

Otros ayudantes de la escuela

Algunos niños caminan para ir a la escuela. Los **guardias peatonales** se aseguran de que los niños crucen las calles sin peligro. Los **conductores de autobuses escolares** llevan a los niños de la casa a la escuela.

Las **enfermeras** de las escuelas cuidan a
los niños que se enferman en la escuela.
Los **directores** de escuela se aseguran de que
todos cumplan las reglas de la escuela.
Los **conserjes** limpian las escuelas y reparan cosas.
¿Quiénes son los ayudantes de tu escuela?

enfermera de
la escuela

director

Ayudantes médicos

Los **ayudantes médicos** son los doctores, las enfermeras y otras personas que nos mantienen sanos. Algunos de los ayudantes médicos trabajan en oficinas.

Otros trabajan en hospitales.

Los **dentistas** son los doctores que cuidan de nuestros dientes.

Nos revisan los dientes y los curan.

Nos enseñan cómo tener una boca saludable.

15

Ayudantes de emergencias

Las **emergencias** son cosas peligrosas que suceden de pronto.

Los **trabajadores de emergencias** ayudan a buscar personas y las sacan del peligro.

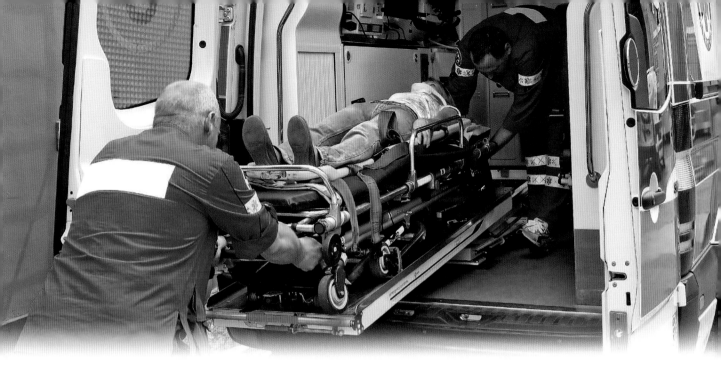

Los **paramédicos** llevan a las personas enfermas o heridas a los hospitales. Las llevan rápidamente a los hospitales en **ambulancias**. Cuidan de las personas hasta que llegan al hospital.

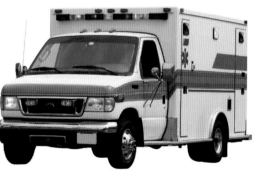

ambulancia

17

Bomberos

Los **bomberos** apagan los incendios de los edificios.
También apagan incendios forestales.
Rescatan a personas y animales.
Arriesgan sus vidas para ayudar
a otros. Los bomberos van en
camiones grandes a los incendios.

camión de
bomberos

Policías

Los **policías** protegen a las personas de su comunidad. Se aseguran de que las personas no quebranten la ley. Ayudan a las personas que están en peligro.

Los policías les hablan a los niños sobre cómo estar seguros en su comunidad.

Ayudantes bondadosos

Los **voluntarios** son personas bondadosas que ayudan a otras personas. No les pagan por su trabajo, ¡pero su labor es muy importante!

Tú también puedes ser un voluntario.
Puedes ayudar a la Tierra
plantando árboles o
recogiendo la basura.
¿De qué otra manera
podrías ayudar?

Palabras que debo saber e Índice